This book

belongs to

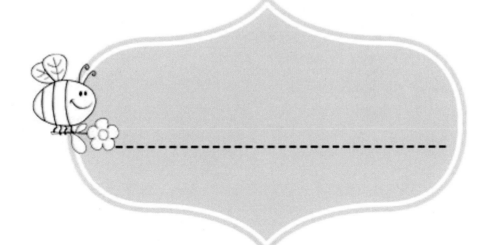

....

English - greek

princess

πριγκίπισσα

kiwi

ακτινίδια

chili

κοκκινοπίπερο

rooster

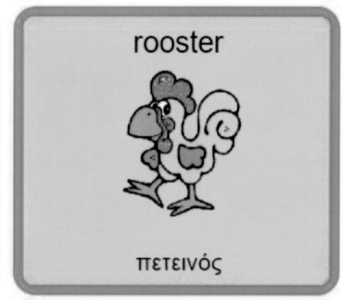

πετεινός

lamp

λαμπτήρες

photographer

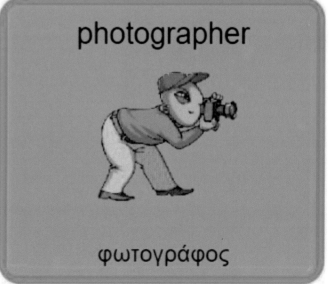

φωτογράφος

mermaid

γοργόνα

king

βασιλιάς

tomato

ντομάτα

cactus

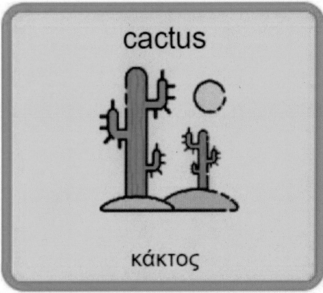

κάκτος

nest

φωλιά

hammer

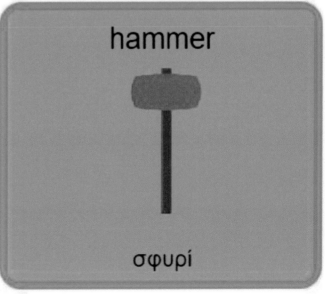

σφυρί

sandwich

σάντουιτς

leader

ηγέτες

raspberry

βατόμουρο

oven

φούρνος

giraffe

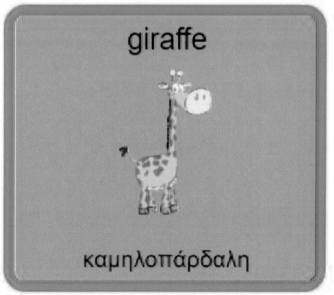

καμηλοπάρδαλη

four

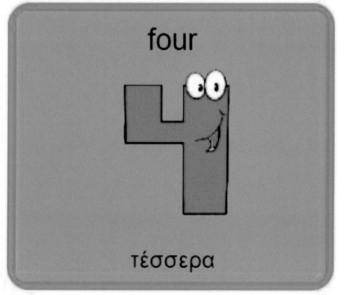

τέσσερα

sixteen

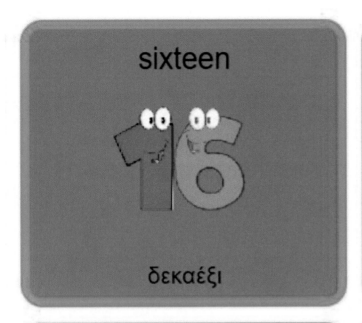

δεκαέξι

slippers

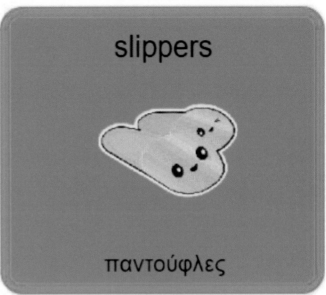

παντούφλες

rob

ληστεύω

yarn

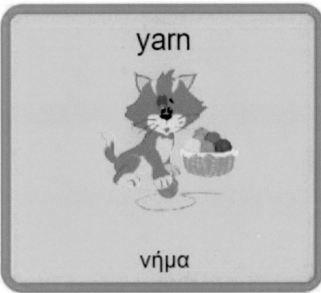

νήμα

magician

μάγος

chicken

κοτόπουλο

camel
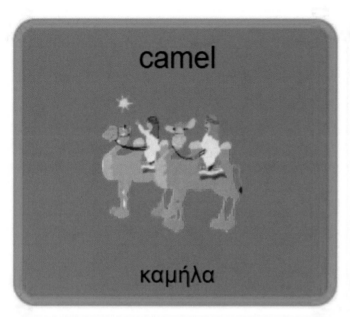
καμήλα

clam
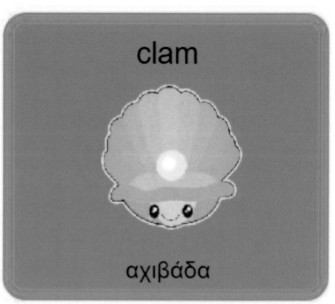
αχιβάδα

soup

σούπα

hen

κότα

head

κεφάλι

mare

φοράδα

fly

μύγες

cake

κέικ

zebra

ζέβρα

eighteen

δεκαοχτώ

paper

χαρτί

cucumber

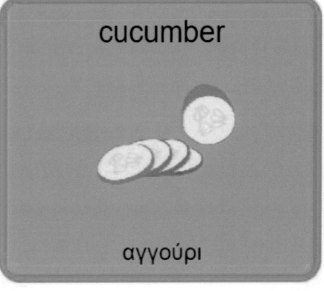

αγγούρι

grapefruit

φράπα

barrow

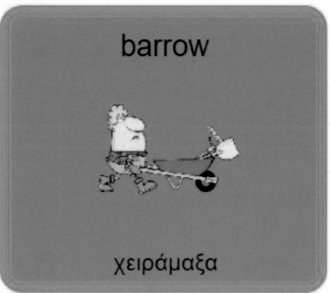

χειράμαξα

kitchen

κουζίνα

ostrich

στρουθοκάμηλος

tooth

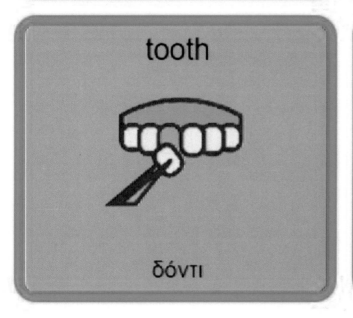

δόντι

gorilla

γορίλλας

ring

δαχτυλίδι

angel

άγγελος

snake

φίδι

spider

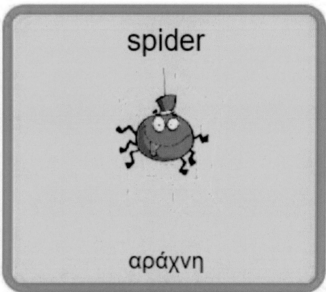

αράχνη

honey

μέλι

nut

ξηροι καρποι

cab

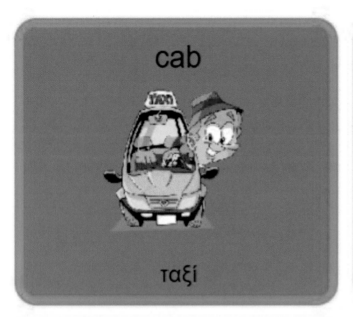

ταξί

avocado

αβοκάντο

bag

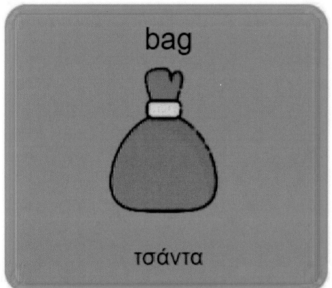

τσάντα

onion

κρεμμύδι

owl

κουκουβάγια

plum

δαμάσκηνο

grape

σταφύλι

frog

βάτραχος

lizard

σαύρα

dolphin

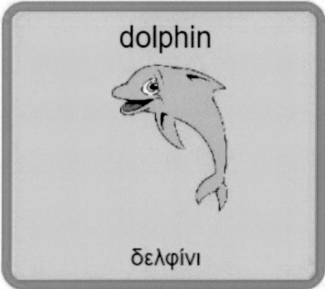

δελφίνι

picture

εικόνα

fifty

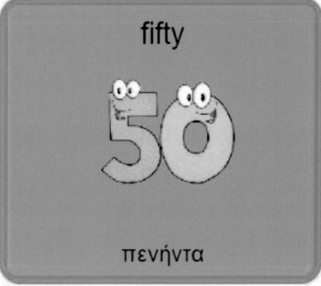

πενήντα

arm

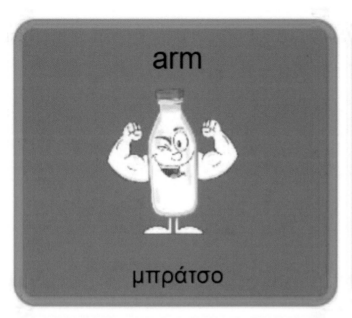

μπράτσο

umbrella

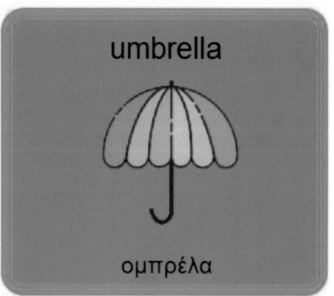

ομπρέλα

hair

μαλλιά

crab

κάβουρας

pomegranate

ρόδι

corn

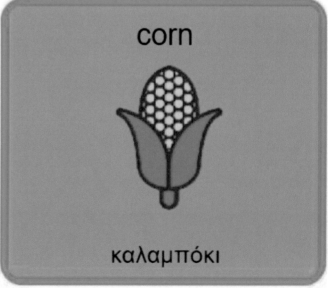

καλαμπόκι

lion

λιοντάρι

politician

πολιτικός

three

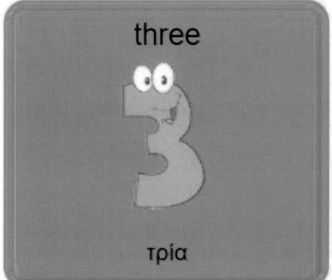

τρία

octopus

χταπόδι

five

πέντε

queen

βασίλισσα

animals

των ζώων

father

πατέρας

yellow

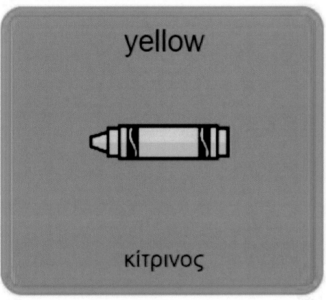

κίτρινος

green

πράσινος

bike

ποδήλατο

blue

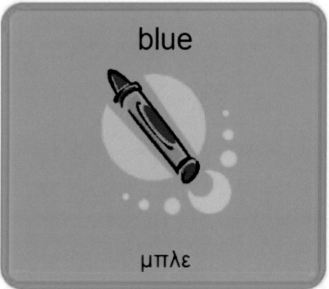

μπλε

deer

ελάφι

chair

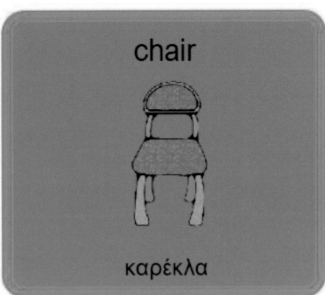

καρέκλα

milk

γάλα

ten

δέκα

apple

μήλο

black

μαύρος

seventeen

δεκαεπτά

car

αυτοκίνητο

peas

αρακάς

baby

μωρό

dog

σκύλος

gray

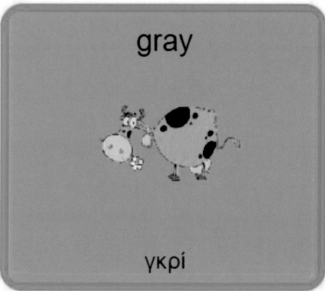

γκρί

tea

τσάι

tree

δέντρο

chick

κοτόπουλα

hand

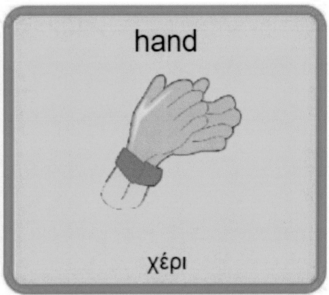

χέρι

butcher

σφάζω

six

έξι

pirate

πειρατής

manager

διευθυντής

squirrel

σκίουρους

turtle

χελώνα

ears

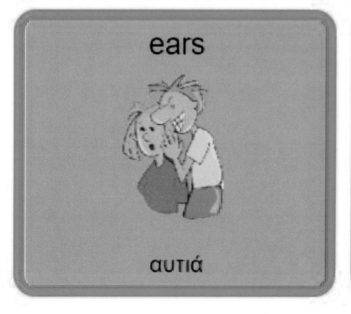

αυτιά

pig

χοίρος

duck

πάπια

chocolate

σοκολάτα

children

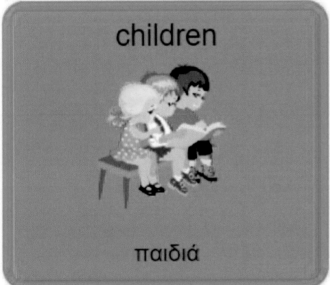

παιδιά

swan

κύκνος

bus

λεωφορείο

eggplant

μελιτζάνες

carpenter

ξυλουργός

hill

λόφος

bird

πουλί

policeman

αστυνομικός

goat

γίδα

beard

γενειάδα

finger

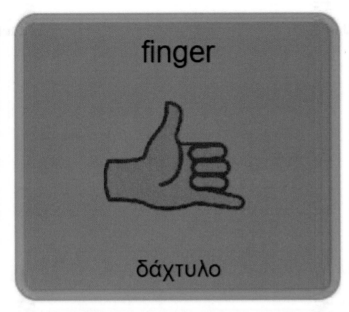

δάχτυλο

fourteen

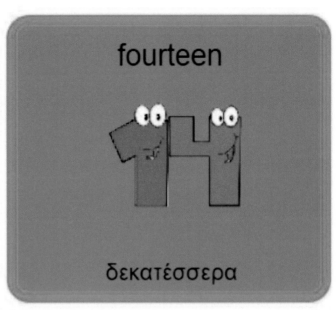

δεκατέσσερα

alligator

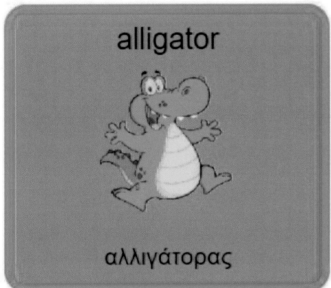

αλλιγάτορας

seeds

σπόρους

toad

φρύνος

thumb

αντίχειρες

mirror

καθρέφτης

box

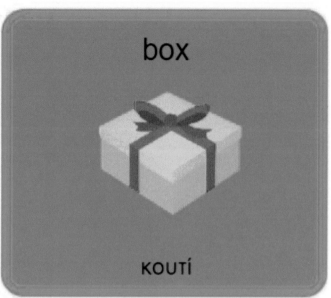

κουτί

cop

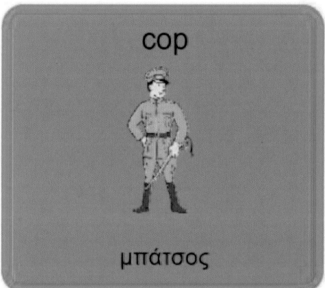

μπάτσος

pillow

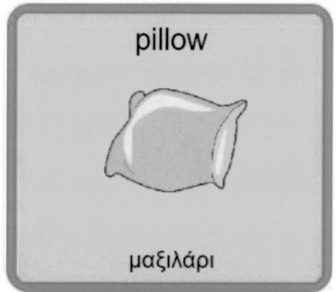

μαξιλάρι

bear

αρκούδα

rocket

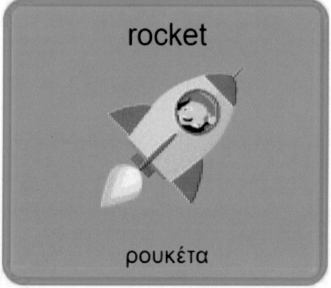

ρουκέτα

shark

καρχαρίας

seven

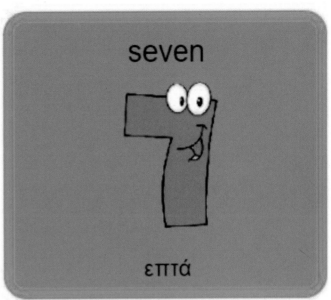

επτά

girl

κορίτσι

fox

αλεπού

shoes

παπούτσια

dad

μπαμπάς

doll

κούκλα

rat

αρουραίος

chef

σεφ

oyster

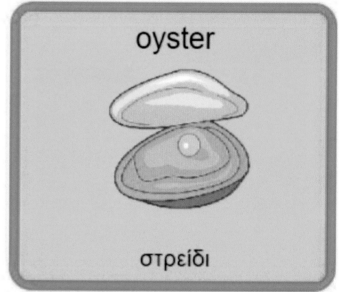

στρείδι

eagle

αετός

airplane

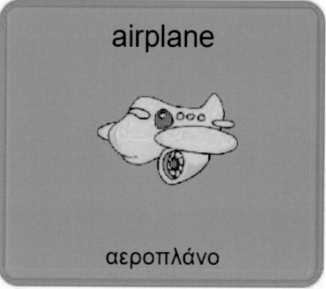

αεροπλάνο

baker

αρτοποιός

waiter

σερβιτόροι

salad

σαλάτα

house

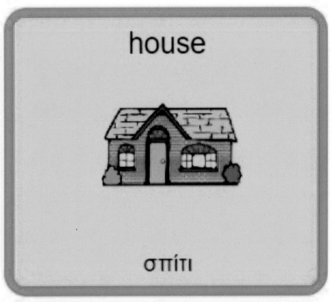

σπίτι

bug

έντομο

knight

ιππότης

parrot

παπαγάλος

wagon

κάρο

thirteen

δεκατρείς

bee

μέλισσα

wood

ξύλο

walrus

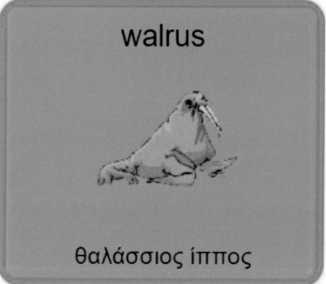

θαλάσσιος ίππος

shovel

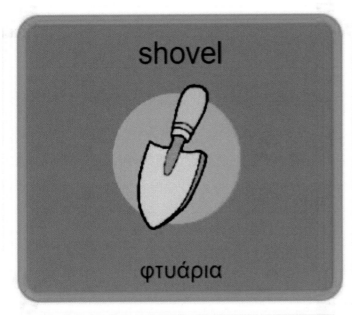

φτυάρια

reindeer

τάρανδος

maid

υπηρέτρια

peanut

αράπικο φιστίκι

leg

πόδια

friend

φίλος

broccoli

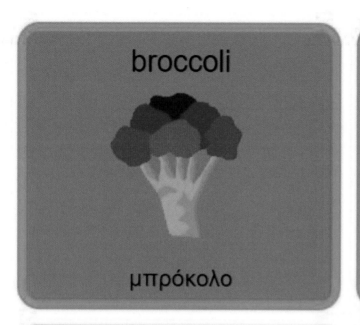

μπρόκολο

nurse

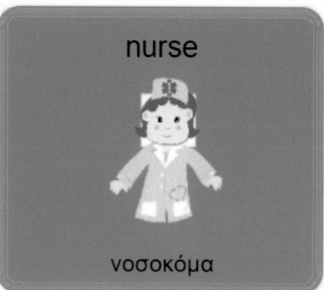

νοσοκόμα

camera

κάμερα

pie

πίτες

penguin

πιγκουίνος

white

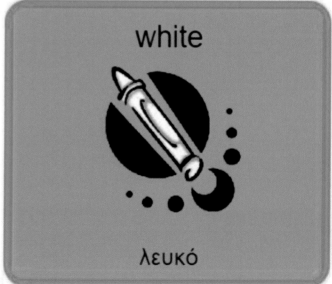

λευκό

noodles

λαζάνια

pear

αχλάδια

tangerine

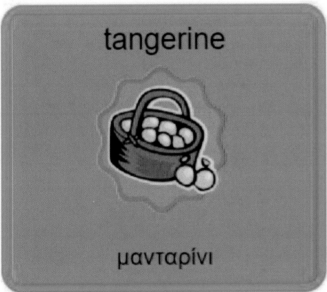

μανταρίνι

elephant

ελέφαντας

quail

ορτύκι

window

παράθυρο

day

ημέρα

potato

πατάτα

chin

πηγούνι

brown

καφέ

jam

μαρμελάδα

water

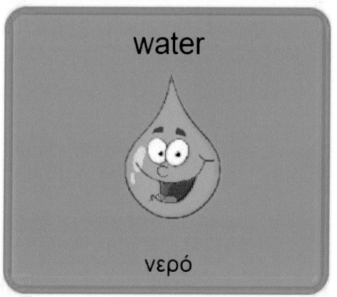

νερό

truck

φορτηγά

cheese

τυρί

door

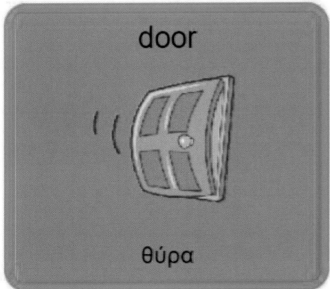

θύρα

artist

καλλιτέχνης

egg

αυγά

toy

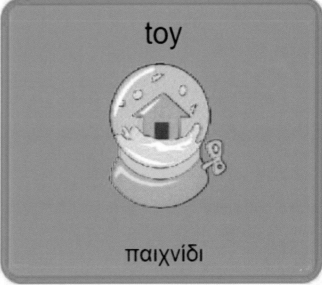

παιχνίδι

nose

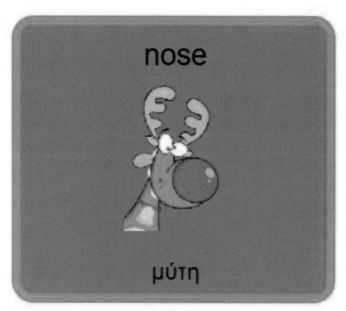

μύτη

meat

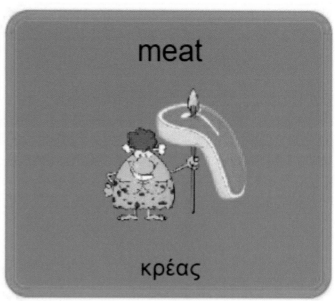

κρέας

kids

παιδιά

bottle

μπουκάλι

twelve

δώδεκα

fire

φωτιά

rabbit

κουνέλι

steak

μπριζόλα

radio

ραδιόφωνο

eight

οκτώ

elbow

αγκώνα

mother

μητέρα

cheetah

γατόπαρδος

knife

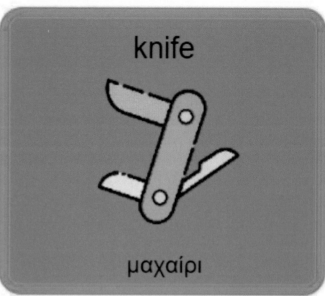

μαχαίρι

monkey

πίθηκος

bookshelf

ράφι

book

βιβλίο

koala

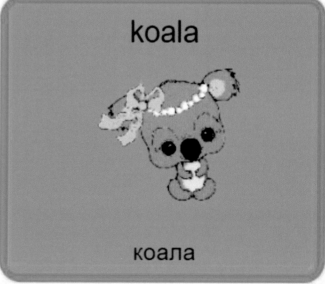

κοала

boat

σκάφος

cherry

κεράσι

shoulder

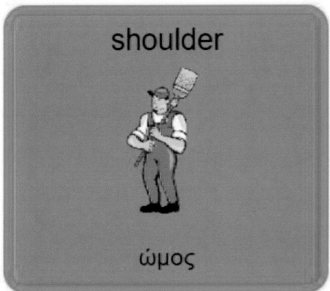

ώμος

candy

καραμέλα

collar

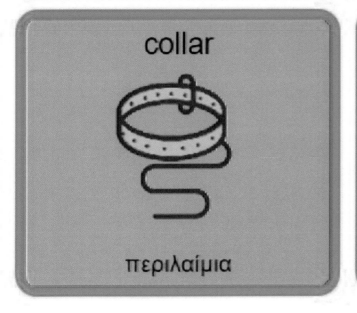

περιλαίμια

jeep

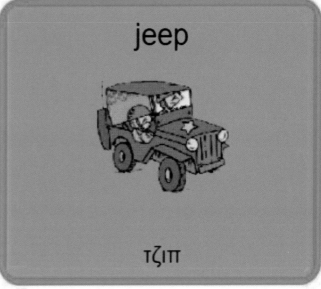

τζιπ

kangaroo

καγκουρώ

butterfly

πεταλούδα

ice cream

παγωτό

iguana

σαύρα

wreath

στεφάνι

worm

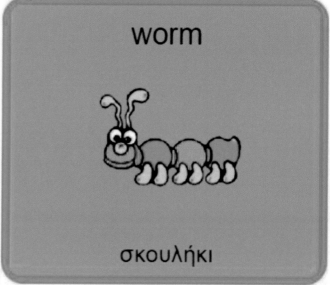

σκουλήκι

stick

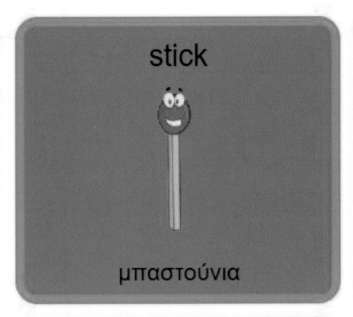

μπαστούνια

comb

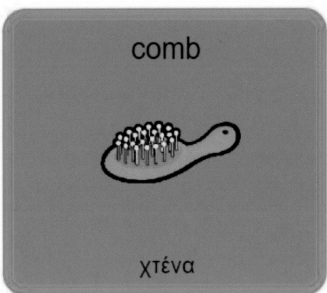

χτένα

doctor

γιατρός

red

το κόκκινο

coat

παλτό

snail

σαλιγκάρι

neck

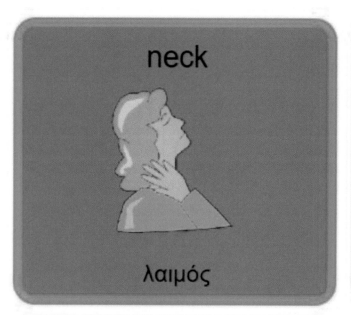

λαιμός

orange

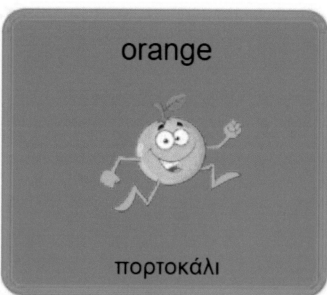

πορτοκάλι

ketchup

κέτσαπ

coconut

καρύδα

tongue

γλώσσα

pigeon

περιστέρι

mushroom

μανιτάρι

ice

πάγος

socks

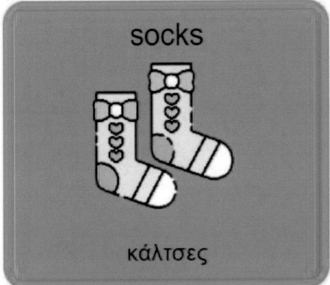

κάλτσες

one

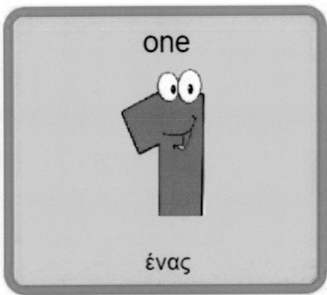

ένας

fifteen

δεκαπέντε

pink

ροζ

one hundred

εκατό

pelican

πελεκάνος

farmer

αγρότης

ham

ζαμπόν

towel

πετσέτα

barber

κουρέας

brother

αδελφός

wheat

σιτάρι

puppy

κουτάβι

banana

μπανάνα

fish

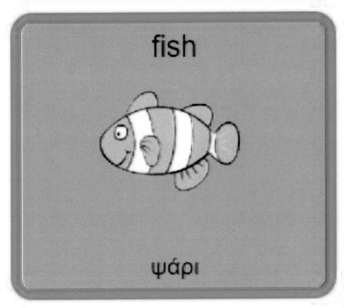

ψάρι

yogurt

γιαούρτι

Made in the USA
Middletown, DE
26 May 2021